—Un sombrero, una brújula para no perderse en el jardín, un libro para aprender ajedrez, un termómetro...

—¿Y para qué quiere Frida un termómetro? —interrumpió Emi.

—Para cuando tenga fiebre. Las lombrices también se enferman —aseguró Pepo.

—Será mejor que le preguntemos a cocodrilo, él la conoce mejor que nadie.

BR GR

CR FR PR

DR TR

En casa de Pepo y Emi suena el timbre.
La golondrina trae en su pico un sobre.

—¡Oh, qué divertido! El cocodrilo Cris
nos invita al cumpleaños de Frida
—dijo Pepo—. ¡Será una fiesta sorpresa
para la lombriz!
—¿Qué le regalaremos? —pregunta
Emi.

—Hola, Cris, ya nos llegó la invitación para la fiesta, pero no sabemos qué regalarle a Frida, ¿sabes si necesita algo? —quiso saber Emi.

—Siempre habla de comprarse una alfombra voladora, está cansada de ver todo desde el suelo —respondió cocodrilo.

—Ah, creo que podemos fabricar una.

Pepo buscó una tela dentro del armario, pero solo encontró el abrigo de la abuela.

—Es perfecto, la abuela siempre dice que con este abrigo recorrió el mundo. ¡Es un abrigo viajero!
—Si le sacamos un bolsillo seguro que no lo nota —propuso Pepo.

Emi le cortó unos flecos a la tela. Pepo le cosió trece plumas. Los dos le colgaron cristales de colores.

Empaquetaron el regalo y se pusieron elegantes. La fiesta estaba a punto de comenzar.

Grillo, cabra y cebra ya habían llegado. Solo faltaba cangrejo.

—El pobre se perdió por el camino —dijo el grillo—. Es muy difícil llegar a los sitios caminando hacia atrás.

La tarta era de fresas y tenía cuatro velas. Ella cerró lo ojos, pidió su deseo y sopló.

Todos los invitados entregaron sus regalos.

Una corona de princesa, un tractor amarillo, un taladro, un micrófono y un termómetro.

—¡Un termómetro! ¿Ves, Emi?, ¡era una buena idea! —dijo Pepo.

Lombriz abrió el regalo de Pepo y Emi.

—¡Una alfombra voladora! Justo lo que yo quería. ¿La probamos?

cebra

sombrero

libro

lombriz

brújula

grillo

cangrejo

fresas